Ushuaïa

LES AVENTURES DE NICOLAS HULOT

TOME 1 - LE TRÉSOR DES MOAÏ

scénario

PASCAL BRESSON

dessin

CURD RIDEL

couleurs

PIERRE SCHELLE & SANDRINE FRICOT

Glénat

Pascal Bresson, Nicolas Hulot, Curd Ridel

Nous dédions cet album à Tibet, notre ami. On t'embrasse, Titi.

CURD ET PASCAL

À Catherine, Jean-Baptiste, Camille, Marine, Sandrine, Kim, Tinang,
Blandine, Jeanne, Baptiste et Joséphine...
Nos petites familles...

Précieux remerciements à Nicolas Hulot, Petit Chou, Bruno Chaumont,
Guillaume Ledoux et Cyril Tricot, ainsi qu'à toute l'équipe d'Ushuaïa...

Un immense, mais alors vraiment immense merci à Sébastien Cornuaud,
sans qui...

Pensées amicales à Brice Goepfert et Camille Paganotto...

LES AUTEURS

"Surtout ne jamais perdre son âme d'enfant ! Amitiés."

NICOLAS HULOT

www.glenatbd.com

Dépôt légal : septembre 2010
Achevé d'imprimer en Italie en septembre 2010 par Lego print,
sur papier provenant de forêts gérées de manière durable.

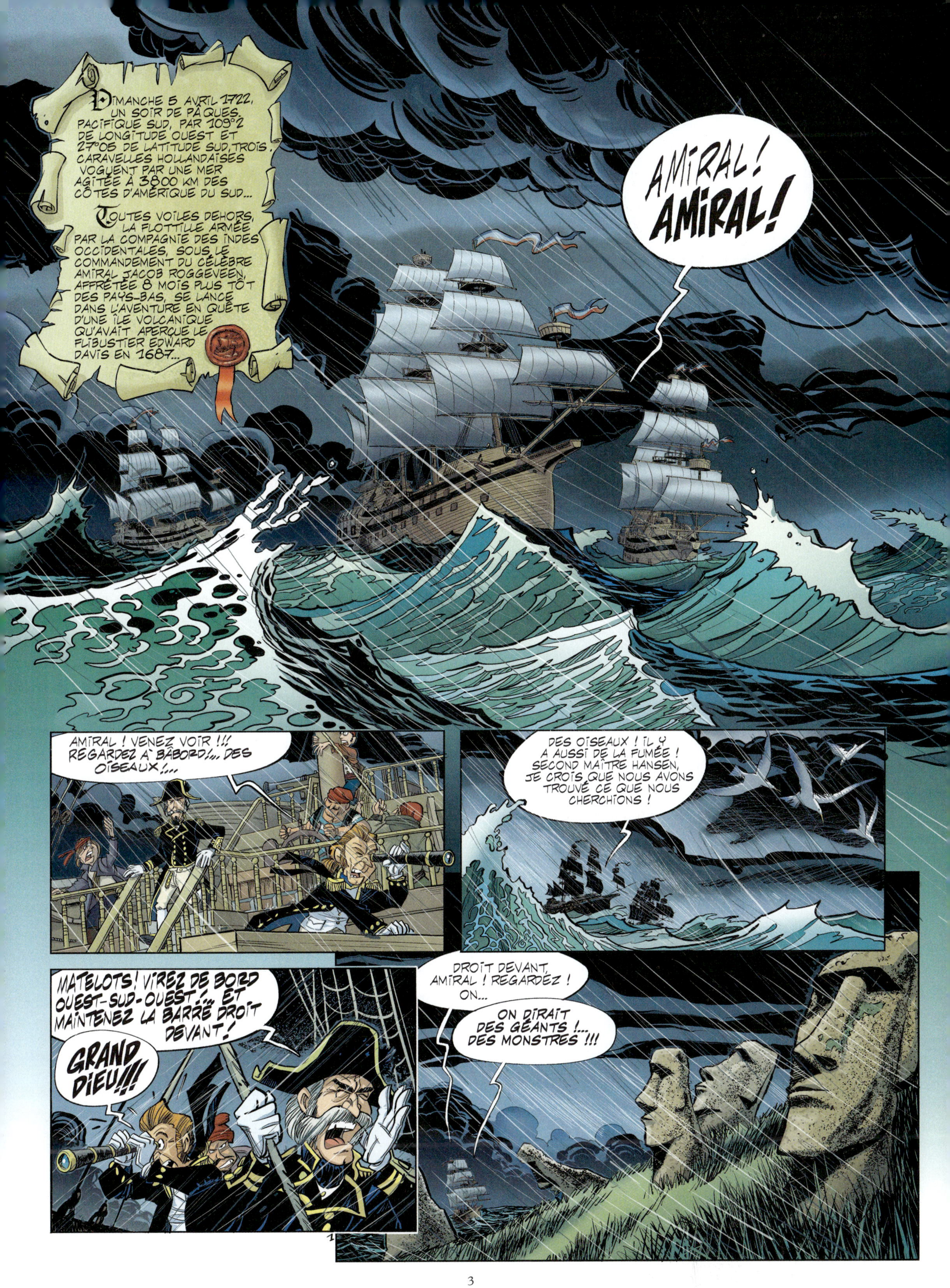
DIMANCHE 5 AVRIL 1722, UN SOIR DE PÂQUES, PACIFIQUE SUD, PAR 109°2 DE LONGITUDE OUEST ET 27°05 DE LATITUDE SUD, TROIS CARAVELLES HOLLANDAISES VOGUENT PAR UNE MER AGITÉE À 3800 KM DES CÔTES D'AMÉRIQUE DU SUD...
TOUTES VOILES DEHORS, LA FLOTTILLE ARMÉE PAR LA COMPAGNIE DES INDES OCCIDENTALES, SOUS LE COMMANDEMENT DU CÉLÈBRE AMIRAL JACOB ROGGEVEEN, AFFRÉTÉE 8 MOIS PLUS TÔT DES PAYS-BAS, SE LANCE DANS L'AVENTURE EN QUÊTE D'UNE ÎLE VOLCANIQUE QU'AVAIT APERÇUE LE FLIBUSTIER EDWARD DAVIS EN 1687...
AMIRAL! AMIRAL!
AMIRAL ! VENEZ VOIR !!! REGARDEZ À BÂBORD !... DES OISEAUX !...
DES OISEAUX ! IL Y A AUSSI DE LA FUMÉE ! SECOND MAÎTRE HANSEN, JE CROIS QUE NOUS AVONS TROUVÉ CE QUE NOUS CHERCHIONS !
MATELOTS! VIREZ DE BORD OUEST-SUD-OUEST !... ET MAINTENEZ LA BARRE DROIT DEVANT!
GRAND DIEU!!!
DROIT DEVANT, AMIRAL ! REGARDEZ ! ON...
ON DIRAIT DES GÉANTS !... DES MONSTRES !!!

AMIRAL ! ON DIRAIT DES STATUES DE LAVE !... ELLES ÉMERGENT DE CET ÎLOT ! D'APRÈS VOUS, QUE SIGNIFIENT CES...
CES SILHOUETTES SONT PEUT-ÊTRE LÀ POUR VEILLER SUR LES HABITANTS... OU BIEN CES GÉANTS SONT-ILS DRESSÉS EN L'HONNEUR DE LEURS MORTS ?
PAS DE PANIQUE, MES AMIS ! AVEC CETTE TEMPÊTE, NOUS N'ACCOSTERONS QU'À L'AUBE ! IL SERAIT PURE FOLIE DE TENTER CELA DANS L'HEURE !...

Dans l'aube humide du 6 avril 1722, l'amiral Roggeveen débarque avec une poignée d'hommes. Pour la première fois, des Européens contemplent ces immenses statues moai... L'île, autrefois abondante, est devenue une terre aride, desséchée par le vent qui empêche toute végétation de pousser. Elle n'est habitée que par quelques centaines d'indigènes...
Je baptise cette île...
...Île de Pâques!!!
Fils ! Il est temps de protéger notre seul héritage spirituel. Je te charge de cacher en lieu sûr le collier de notre premier roi Hotu Matua !
Tu deviens ainsi le gardien de ce lourd secret. Seuls tes descendants seront à même de transmettre de génération en génération cet héritage si précieux...
Quiconque s'emparera de ce bijou sacré attirera la malédiction sur l'île.
Seul Tangata Manu, l'homme-oiseau, dieu du ciel et des ancêtres, pourrait alors venir à notre secours.
3

L'ÎLE DE PÂQUES, AUTREFOIS APPELÉE "RAPA NUI" LE NOMBRIL DU MONDE, PAR SES HABITANTS QUI SE CROYAIENT LES DERNIERS ÊTRES VIVANTS SUR CETTE PLANÈTE... LA POPULATION Y EST AUJOURD'HUI ENVIRON DE 3000 PERSONNES. L'ÎLE VIT PRINCIPALEMENT DU TOURISME ET EST INSCRITE AU PATRIMOINE MONDIAL DE L'UNESCO...
CHÉRIE, VA DU CÔTÉ DES CHEVAUX, ÇA DEVRAIT FAIRE UNE BELLE PHOTO !
OH, MON MINOU ! IL ME FAUT ENCORE MARCHER ! JE SUIS SI FATIGUÉE...
PRENDS-MOI PLUTÔT EN PHOTO SUR CE DRÔLE DE CAILLOU, AVEC LA MER DERRIÈRE, ÇA VA FAIRE BISQUER LES DOUGLAS...
TERMINE TON COCA ET PRENDS LA POSE.
CES NOUVEAUX RICHES DE DOUGLAS ! ILS NE SONT MÊME PAS CAPABLES DE SE PAYER UN SIMPLE BILLET POUR TRAVERSER LE LAC MICHIGAN !
PFFTTT...
TU ES TRÈS PHOTO-GÉNIQUE, MA CHÉRIE, NE BOUGE PLUS !... ON DIRAIT UNE VRAIE POM-POM GIRL !
Coca-Cola
?!!
MON MINOU ! QU'EST-CE QUI SE PASSE ?!? C'EST MOI QUI TE FAIS CET EFFET ?!?
AU SECOURS ! À MOIIIII !
HIIIII !
KAÏ !

QUELQUES JOURS PLUS TARD, DANS LE PETIT BUREAU D'USHUAÏA, SITUÉ EN HAUT D'UNE GRANDE TOUR PARISIENNE...
DEPUIS QUELQUES ANNÉES, UN MAL BIEN PLUS TERRIBLE QUE CES HORDES DE VISITEURS QUI PERTURBENT L'ÉCOSYSTÈME DE L'ÎLE DE PÂQUES A FAIT SON APPARITION...
TV1
56 PORTE DE CLIGNANCOURT
200
...ON RACONTE PARTOUT QUE DES "MONSTRES MOAÏ" SERAIENT DE RETOUR ! ON PARLE MÊME DE L'ÎLE DE L'ÉPOUVANTE !...
CERTAINS TOURISTES ONT ÉTÉ VICTIMES DE CES PHÉNOMÈNES ! PARMI EUX, UNE AMÉRICAINE RACONTE AVOIR VU UN NUAGE DE FUMÉE NOIRE PASSANT PRÈS D'ELLE, ET QU'UN SPECTRE TERRIFIANT SE SERAIT JETÉ SUR ELLE !...
ÇA ALORS ! POUR UNE COÏNCIDENCE... NICOLAS ! VIENS VOIR, VITE !!!
TV1
DÉPÊCHE-TOI ! TU VAS TOUT RATER !
BONK
ARCHIVES Ushuaïa
VOILÀ, J'ARRI... OUCH !
J'AI TROUVÉ CE QUE JE CHERCHAIS ET...
REGARDE !...
C'EST UN CAUCHEMAR ! CE MONSTRE PRODUISAIT DES SONS STRIDENTS ! PUIS IL A DISPARU DANS UN TOURBILLON DE FUMÉE ! IL A FAIT FUIR MON MINOU ! MINOU, SI TU M'ENTENDS, REVIENS-MOI !
DIS, TU... TU VEUX TOUJOURS PARTIR SUR L'ÎLE DE PÂQUES POUR TOURNER UNE ÉMISSION D'USHUAÏA ?!?
ET COMMENT ! AVEC L'ÉQUIPE, ON AURA UN MYSTÈRE À ÉLUCIDER ET UN MONSTRE À CAPTURER !
COMME DIT LE PROVERBE : QUI BRAVE LES GRANDS FLEUVES NE CRAINT PAS LES PETITES RIVIÈRES ! D'AILLEURS, IL EST TEMPS DE RÉUNIR LES AMIS POUR LES PRÉPARATIFS DE L'ÉMISSION !...

AU MÊME MOMENT, DANS LES EAUX TIÈDES DES BAHAMAS...
SALUT, NICOLAS ! LAURENT, IL EST AU FOND, IL JOUE AVEC LES AMPHIPRIONS ...
SUPERBES, CES POISSONS-CLOWNS ! QUAND JE PENSE QU'ON EN ÉLÈVE EN CAPTIVITÉ !
ON SE CROIRAIT DANS UN DESSIN ANI...
!?!
Laurent, remonte ! Nicolas a besoin de toi
PARIS, LE MÊME JOUR...
DRRIINNG DRRIINNG
HEU... TÉLÉPHONE, 'FAUT QUE J'AILLE RÉPONDRE !
BON.
VOUS ÊTES PRÊTE, MADAME MICHU ?
BIEN ! NOUS ALLONS TRAVAILLER LE PLACEMENT DU CORPS, AVEC UN UCHI-KOMI...
ATTENTIOOONN ...
ÉRIC ! TÉLÉPHONE POUR TOI, DE LA PART DE NICOLAS HULOT !!!
J'ARRIII...
PLAFF
ET UN UCHI-KOMI ! ... UN !
J'ESPÈRE POUR LUI QUE C'EST URGENT ! SINON, IL VA AVOIR DROIT À UN RANDORI* MUSCLÉ !
* FORME DE COMBAT SOUPLE.

QUELQUE PART DANS LE CANYON D'ARIÈGE, DANS LES PYRÉNÉES-ORIENTALES...
ALLEZ, ENCORE UN EFFORT, SOLDAT ! L'ESCALADE, C'EST UNE SOURCE DE PLAISIR INÉPUISABLE...
PUFF... PUFF...
NOUS SOMMES À QUELQUES MÈTRES DE L'ARRIVÉE. ENSUITE, ON REDESCENDRA PAR UNE PETITE MARCHE FORCÉE EN FORÊT...
AH !... UN TEXTO !
NICOLAS H
Véronique, Départ dans 2 semaines pour l'île de Pâques...
C'EST GÉNIAL !
BRETAGNE, SUR LES BORDS DE LA RANCE...
BRUNO, AIDE-MOI À SOULEVER CET OBJET PRÉCIEUX QUE J'AI TROUVÉ AU FOND DE LA MER...
MINUTE, PETIT CHOU ! TU VOIS BIEN QUE JE SUIS PLONGÉ DANS MA BD!... IL FAUT QUE JE SACHE SI LARGO WINCH VA SAUVER SA FORTUNE !...
MAIS... CETTE CROIX... ELLE EST EN OR !!!
?! QUOI ?! J'ARRIVE !
DUTCH CONNECTION
TU RIGOLES ! C'EST DE LA FERRAILLE !...
HA ! HA ! HA ! AVEC TOI, LARGO, IL A LE TEMPS D'ÊTRE RUINÉ !
LES AMIS ! JE VIENS D'AVOIR NICOLAS! ON PART D'ICI DEUX SEMAINES TOURNER DANS LE PACIFIQUE SUD, À L'ISLA DE PASCUA...
L'ÎLE DE PÂQUES EN ESPAGNOL !...

JE PROPOSE QUE NOUS FÊTIONS CE PROCHAIN DÉPART AVEC QUELQUES BOLÉES DE CIDRE !
C'EST D'ICI QUE DÉMARRENT NOS PLUS BELLES AVENTURES ! QUAND TU PENSES QUE C'EST DANS CE MOULIN QUE LE PROJET USHUAÏA A VU LE JOUR AVEC NICOLAS !
ÇA NE NOUS RAJEUNIT PAS ! UNE BELLE HISTOIRE À RACONTER UN JOUR...
À UN DEMI-MILLE NAUTIQUE DES CÔTES FRANÇAISES, PAS TRÈS LOIN DE SAINT-TROPEZ...
GEORGES ! TOUT UN GROUPE DE DAUPHINS BLEUS !... ON LES RECONNAÎT À LEUR NAGEOIRE DORSALE EN FORME DE FAUCILLE... NOUS SOMMES TROP PRÈS POUR ACTIVER LA CINEFLEX !*
TU AS RAISON, CHRISTIAN, NE LES EFFRAYONS PAS ! DESCENDONS JUSTE UN PEU POUR ESSAYER DE LES PHOTOGRAPHIER...
BON SANG ! ÇA TANGUE TROP, J'AI DU MAL À ME STABILISER !
CINEFLEX
TANT PIS POUR LES PHOTOS... BONNE ROUTE, LES AMIS ! BONDISSEZ, SURFEZ SUR LES VAGUES ET ÉVITEZ DE PÉRIR ÉTOUFFÉS DANS LES FILETS DES PÊCHEURS...
INUTILE DE PRENDRE DES RISQUES !
DE TOUTES FAÇONS NOUS DEVONS RENTRER, NICOLAS M'A LAISSÉ UN MESSAGE. JE DOIS PRÉPARER LE MATOS POUR LE PROCHAIN TOURNAGE...
*CAMÉRA PERMETTANT DE FILMER À TRÈS GRANDE DISTANCE, SANS EFFRAYER NI LES ANIMAUX, NI LES HOMMES...

DEUX SEMAINES PLUS TARD, À L'AÉROPORT DE PARIS ROISSY-CHARLES-DE-GAULLE... LE GRAND JOUR EST ARRIVÉ...
LE RESTE DE L'ÉQUIPE DOIT NOUS ATTENDRE... AINSI QUE L'AVION QUI NOUS EMMÈNE À SANTIAGO.
OH LÀ LÀ, QUEL PEUPLE ! DÈS QU'IL Y A PLUS DE TROIS PERSONNES, JE NE ME SENS PAS BIEN !
T'INQUIÈTE, P'TIT CHOU, JE SUIS LÀ !
REGARDEZ ! C'EST NICOLAS HULOT !!!
M'SIEUR HULOT, ON PEUT VOUS DEMANDER UN "AUTORGRAPHE" ?
JE VOUS AI VU NAGER AVEC LES DAUPHINS, C'ÉTAIT TROP SUPER !
VOUS SAVEZ, MA MAMAN VOUS ADORE...
C'EST VRAI QUE LES REQUINS SONT PAS MÉCHANTS ?
VOUS AVEZ FAIT LE TOUR DE LA PLANÈTE ?!?
VOUS ÊTES ENCORE PLUS BEAU EN VRAI !
HOLÀ, LES ENFANTS !... DANS L'ORDRE... LES REQUINS NE SONT PAS MÉCHANTS, SAUF SI ON LES EMBÊTE !... POUR LES DAUPHINS, IL FAUT D'ABORD QU'ILS SOIENT AU RENDEZ-VOUS, ENSUITE IL FAUT SE FAIRE ACCEPTER ET ILS SENTENT SI ON EST RESPECTUEUX OU PAS !
VOUS SAVEZ, NOTRE PLANÈTE EST MERVEILLEUSE ! NOUS DEVONS SAVOIR LA PRÉSERVER À TOUT PRIX. SAVOIR AUSSI APPRÉCIER SES RICHESSES SANS JAMAIS LES ANÉANTIR ! UNE DERNIÈRE CHOSE, LES ENFANTS...
RESPECTER LA NATURE, C'EST RESPECTER TOUT LE MONDE, SURTOUT CEUX QUI VIENDRONT APRÈS VOUS...
MAINTENANT, DIRECTION L'EMBARQUEMENT, LES COPAINS VONT S'IMPATIENTER...
Terminal
ILS ÉTAIENT SYMPA, CES GAMINS !
9

SALLE D'EMBARQUEMENT, AU MÊME MOMENT...
DIS, JUDOKA, T'ES AMOUREUX DE TON SAC POUR LE CARESSER AUTANT ?
HEU... NON NON... JE PENSAIS AVOIR CASSÉ QUELQUE CHOSE !
J'Y CROIS PAS ! TU AS ENCORE EMPORTÉ TES POTS DE NUTELLA ! TU VAS ENCORE TE PHOTOGRAPHIER AVEC DANS DES CIRCONSTANCES INSOLITES !
HÉ HÉ... T'EN VEUX ?
AH... LES VOILÀ ENFIN ! C'EST PAS TROP TÔT !
VOUS VOUS FAISIEZ DÉSIRER, LES AMIS !
DE DÉSESPOIR, ON A MÊME FAILLI MANGER LES POTS DE NUTELLA D'ÉRIC !
LE PREMIER QUI Y TOUCHE...
IL EST TEMPS D'EMBARQUER ! NOS TROIS TONNES DE MATÉRIEL SONT DÉJÀ EN ROUTE, IL NE MANQUE PLUS QUE NOUS...
SEÑOR...
SEÑOR HULOT ! TOI ÉCOUTER MON CONSEIL !
TOI PAS PARTIR ! ÎLE MAUDITE !... MAUVAIS PRÉSAGE !!!
MOAÏ KAVA KAVA !
QU'EST-CE QU'IL TE VOULAIT, CELUI-LÀ ?...
MOAÏ KAVA KAVA !!!
MOAÏ KAVA KAVA !!!
RIEN... RIEN DE GRAVE.
10

LES AMIS, FAISONS UN BREF TOPO ! YAZID EST DÉJÀ SUR PLACE AVEC UNE PARTIE DE L'ÉQUIPE...
T'ES PARFAITE EN HÔTESSE !
WOAOW !
TU AS PENSÉ À PRENDRE LE BALLON ?
IL EST DANS MON SAC ! DIS, CETTE FOIS-CI, ON NE MET PLUS NICOLAS DANS LES CAISSES ! HA ! HA !
NOUS SERONS ACCOMPAGNÉS DE MAYA, UNE BIOLOGISTE MARINE SPÉCIALISÉE DANS LES TORTUES...
CES TORTUES SONT MENACÉES D'EXTINCTION. ELLES SONT LES PROIES VIVANTES DE LA POLLUTION ET DU BRACONNAGE...
MAYA ! C'EST UN JOLI PRÉNOM ! ÇA SONNE MEXICAIN, NON ?
D'APRÈS LE GOUVERNEUR DE L'ÎLE MOTU-TARA, LES FEMELLES SONT SUR LE POINT DE PONDRE LEURS ŒUFS... ON EN FERA NOTRE PRINCIPAL DOSSIER...
ELLE EST PEUT-ÊTRE MIGNONNE ?
QUI ÇA ? LA TORTUE ?
DERNIÈRE CHOSE ! SUR L'ÎLE, VOUS NE LE SAVEZ PEUT-ÊTRE PAS, MAIS IL Y A DES MONSTRES QUI NOUS ATTENDENT !... ALORS... DES QUESTIONS ?...
NON ! MAMAN ! J'AI PEUUUUR !!!
HA! HAHA!...
AIR FRANCE
AU MÊME INSTANT, SUR L'ÎLE DE PÂQUES...
MES FILS ! JE SENS VENIR SUR NOUS UN GRAND MALHEUR !...

APRÈS DEUX ESCALES ET QUARANTE-QUATRE HEURES DE VOL...
LAN
REGARDEZ, LÀ !
L'AÉROPORT DE HANGA ROA MATAVERI, LE PLUS RETIRÉ DU MONDE !... L'AVENTURE EST SOUS NOS PIEDS !
COMME C'EST BEAU !... "L'ÎLE DES GÉANTS"... ON CROIRAIT L'IRLANDE AUX PORTES DE L'AUTOMNE...
SALUT, MON VIEUX YAZID !!!
ALORS, LES GARS, AVEZ-VOUS FAIT BON VOYAGE ?
VOUS ALLEZ ÊTRE BIEN... LES GENS ICI SONT ADORABLES !
REPUBLICA DE CHILE
DIRECCION GENERAL DE AERONAUTICA CIVIL
AEROPUERTO MATAVERI
IORANA-KO
MES AMIS, LAISSEZ-MOI VOUS PRÉSENTER LE GOUVERNEUR DE L'ÎLE, MOTU-TARA...
¡A ORANA OE,✻ SOYEZ LES BIENVENUS...
ET VOICI LA CÉLÈBRE BIOLOGISTE DU MONDE MARIN, MAYA, QUI NOUS ACCOMPAGNERA TOUT AU LONG DE NOTRE SÉJOUR...
¡A ORANA OE À TOUS !
HEU... ENCHANTÉ !
✻BONJOUR

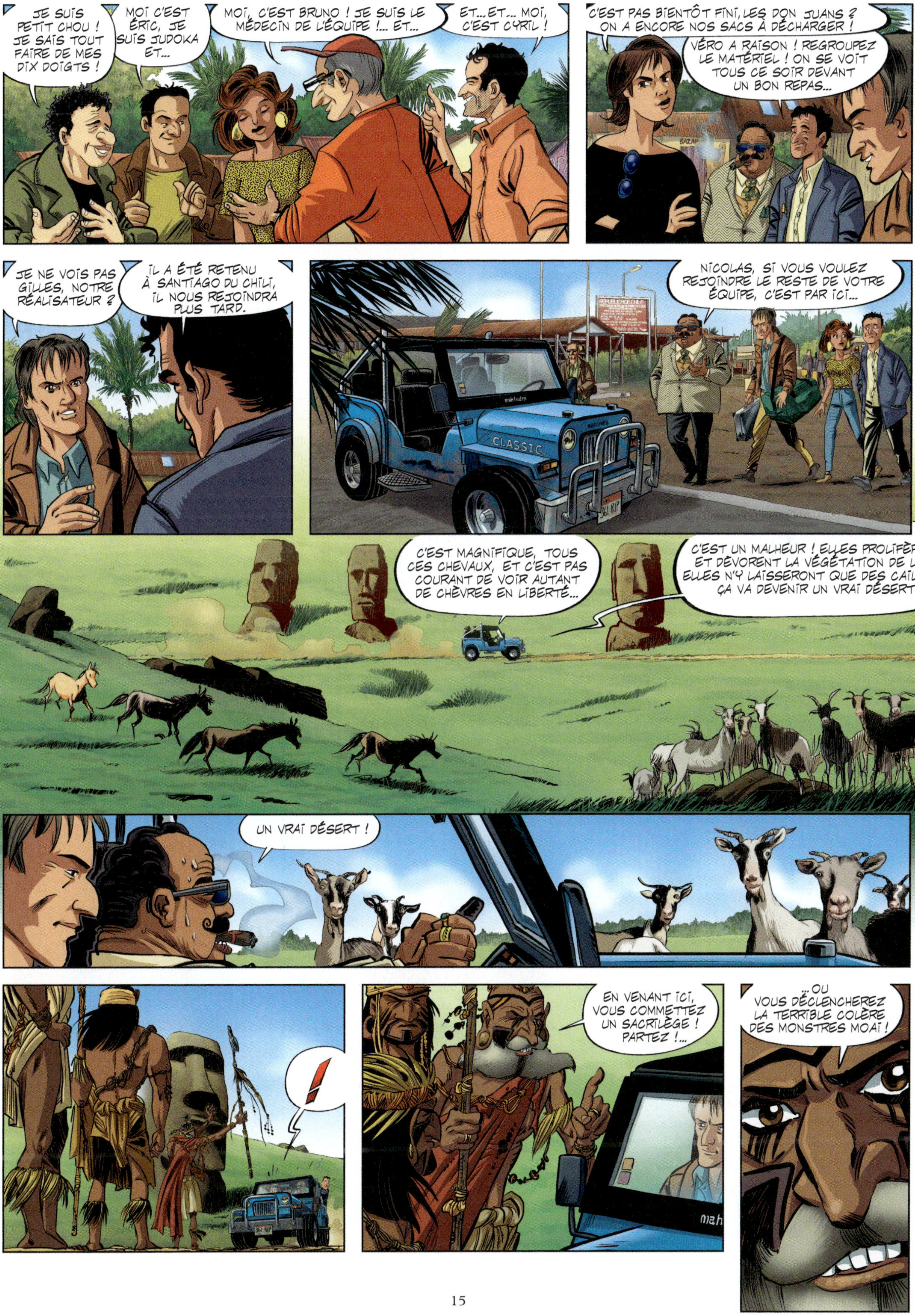
JE SUIS PETIT CHOU ! JE SAIS TOUT FAIRE DE MES DIX DOIGTS !
MOI C'EST ÉRIC, JE SUIS JUDOKA ET...
MOI, C'EST BRUNO ! JE SUIS LE MÉDECIN DE L'ÉQUIPE !... ET...
ET... ET... MOI, C'EST CYRIL !
C'EST PAS BIENTÔT FINI, LES DON JUANS ? ON A ENCORE NOS SACS À DÉCHARGER !
VÉRO A RAISON ! REGROUPEZ LE MATÉRIEL ! ON SE VOIT TOUS CE SOIR DEVANT UN BON REPAS...
JE NE VOIS PAS GILLES, NOTRE RÉALISATEUR ?
IL A ÉTÉ RETENU À SANTIAGO DU CHILI, IL NOUS REJOINDRA PLUS TARD.
NICOLAS, SI VOUS VOULEZ REJOINDRE LE RESTE DE VOTRE ÉQUIPE, C'EST PAR ICI...
CLASSIC
C'EST MAGNIFIQUE, TOUS CES CHEVAUX, ET C'EST PAS COURANT DE VOIR AUTANT DE CHÈVRES EN LIBERTÉ...
C'EST UN MALHEUR ! ELLES PROLIFÈRENT ET DÉVORENT LA VÉGÉTATION DE L'ÎLE ! ELLES N'Y LAISSERONT QUE DES CAILLOUX ! ÇA VA DEVENIR UN VRAI DÉSERT !
UN VRAI DÉSERT !
!
EN VENANT ICI, VOUS COMMETTEZ UN SACRILÈGE ! PARTEZ !...
...OU VOUS DÉCLENCHEREZ LA TERRIBLE COLÈRE DES MONSTRES MOAI !

MOAÏ KAVA KAVA !!!
C'EST QU'IL NOUS FICHERAIT LA TROUILLE !
IL VEUT VOUS INTIMIDER ! C'EST RANO-TANGA, L'ERMITE DE L'ÎLE. IL VIT SEUL AVEC SES DEUX SIMPLETS DE FILS...
IL N'EST PAS BIEN MÉCHANT ! IL PRÉTEND DESCENDRE DU PREMIER ROI HOTU MATUA HA ! HA ! HA !... QU'IL EST DRÔLE !
IA ORANA OE !
TU N'AS PAS PERDU DE TEMPS POUR APPRENDRE LA LANGUE DES PASCUANS, DENIS !...
LE MATOS EST BIEN ARRIVÉ. IL EST ENTREPOSÉ DANS UNE GRANDE SALLE PROTÉGÉE DE L'HUMIDITÉ...
J'AI VÉRIFIÉ LE BON ÉTAT DES CAMÉRAS, PROJECTEURS, ETC IL N' Y PAS DE CASSE ! JE LAISSE LE SOIN À CYRIL DE S'OCCUPER DE SON OUTILLAGE DE PLONGÉE...
SI JE PEUX ME RENDRE UTILE, JE...
ÇA TOMBE BIEN ! JE DOIS RANGER QUELQUES PETITS CARTONS !...
VOUS AIMEZ MONTER À CHEVAL ?... ÇA VOUS DIRAIT, UNE PETITE BALADE ?
TRÈS VOLONTIERS, CHEZ MOI J'EN POSSÈDE DEUX !
VOUS VERREZ, ICI, NOUS PRENONS PEU LA VOITURE... NOUS LES ÎLIENS UTILISONS BEAUCOUP LES CHEVAUX POUR NOUS DÉPLACER !
QUELQUES PETITS CARTONS À RANGER, QU'IL DISAIT !!!!

JE VOUS SENS CONTRARIÉ, GOUVERNEUR !
JE LE SUIS ! LE MOMENT EST VENU POUR MOI DE TOUT VOUS RACONTER...
DEPUIS QUELQUES ANNÉES, D'ÉTRANGES APPARITIONS MONSTRUEUSES SE SONT MULTIPLIÉES !
LA LÉGENDE RACONTE QUE CES MONSTRES SURGISSENT DÈS QUE L'ÎLE EST MENACÉE ! LES HABITANTS PENSENT QUE C'EST À CAUSE DES TOURISTES QUI OFFENSENT L'ESPRIT DES LIEUX !
MAINTENANT, TOUS FUIENT ET PROPAGENT LA RUMEUR QUE DES SPECTRES LES ATTAQUENT ! NOTRE COMMERCE EST EN PÉRIL ! DÉJÀ QUE NOUS AVONS PEU DE RESSOURCES... C'EST UNE CATASTROPHE !
L'ARCHIPEL EST RUINÉ !...
SEUL TANGATA MANU, L'HOMME-OISEAU, DIEU DU CIEL, PEUT NOUS SAUVER...
TIENS, LE VIEIL ERMITE ET SES FILS... QUE PRÉPARENT-ILS ENCORE, CES TROIS-LÀ ?
ÉCOUTEZ, JE VOUS PROMETS MON AIDE... IL Y A TOUJOURS UNE EXPLICATION RATIONNELLE À CES PHÉNOMÈNES...
ON VERRA BIEN ! RENTRONS.
15

SNIF ! SNIF !
NICOLAS ! CE SOIR TU N'ES PAS AVEC NOUS ! TU SEMBLES PRÉOCCUPÉ... DES SOUCIS ?
NON, NON, TOUT VA BIEN ! JE RÉFLÉCHISSAIS, C'EST TOUT ! MAIS POURQUOI ME DIS-TU ÇA ?
TU NE FAIS MÊME PAS ATTENTION AU CHIEN DE MAYA QUI TE DONNE LA PATTE !
OH, C'EST VRAI ! DÉSOLÉ, MON P'TIT PÈRE !...
SURTOUT, NE SOIS PAS INQUIET POUR L'ÉMISSION ! TOUT BAIGNE ! ÉRIC EST PARTI RÉCUPÉRER L'HÉLICO AVEC CHRISTIAN ET GEORGES À L'AUTRE BOUT DE L'ÎLE. ILS SERONT OPÉRATIONNELS DÈS DEMAIN... QUANT À MOI, JE REMPLACE LE RÉALISATEUR LE TEMPS QU'IL REVIENNE ! GILLES EST ENCORE BLOQUÉ À SANTIAGO DU CHILI POUR DES QUESTIONS ADMINISTRATIVES...
TIENS, JE TE CONSEILLE DE BOIRE UNE PETITE GOUTTE DE BISSAP, C'EST UNE FABRICATION LOCALE. ÇA T'AIDERA À DORMIR !
SI JE TOMBE MALADE, JE FERAI APPEL À NOTRE MÉDECIN PRÉFÉRÉ !
D'AILLEURS IL EST OÙ, NOTRE BRUNO ?
LOVE ME TENDER, LOVE ME SWEET, NEVER LET ME GO...
16

EH BIEN, LE VOICI !
LOVE ME TENDER LOVE ME SWEET NEVER LET ME GO
BRAVO, BRUNO, ON S'Y CROIRAIT...
IL EST TERRIBLE ! IL DEVAIT SE DÉGUISER SEULEMENT À LA FIN DU TOURNAGE !... HA ! HA!
IL N'A PAS PU ATTENDRE !
LOVE ME TENDE LOVE ME TRUE
ÇA FAIT DU BIEN DE SE DÉTENDRE ! BON, C'EST PAS TOUT, MAIS IL FAUT QUE JE RÉVISE MES FICHES POUR DEMAIN... BONNE NUIT À TOUS !
BONNE NUIT, COMMANDANT COUCHE-TÔT !... HA HA !!!
RETOUR À L'ENVOYEUR !!!
HAAA

HA HA HA ! TU AS VU SA TÊTE !
C'EST À HURLER DE RIRE !
À MON AVIS, IL COGITE DÉJÀ SES REPRÉSAILLES... ATTENTION À NOS ARRIÈRES CES PROCHAINS JOURS ! HA ! HA !
HÉ, CYRIL, UNE DERNIÈRE, POUR LA ROUTE ! TU SAIS POURQUOI, SUR LES BATEAUX, LES PLONGEURS SAUTENT TOUJOURS EN ARRIÈRE ?
NON ?!
PARCE QUE SINON ILS TOMBERAIENT DANS LE BATEAU ! HA HA HA !
T'ES NUL, LAURENT ! ALLEZ, AU DODO !...
LE LENDEMAIN MATIN, À L'AUTRE BOUT DE L'ÎLE, À AHU AKAPU...
HÉHÉ... UN OCTODON ! UN RONGEUR MALIN N'AYANT PEUR DE RIEN !
¡MANOS ARRIBA!
18

DU CALME, LES GARS ! PAS LA PEINE DE SE FÂCHER, JE SUIS PHOTOGRAPHE ! JE NE SUIS PAS UN ESPION ! MAIS S'IL LE FAUT, JE PEUX AUSSI ALERTER LES AUTORITÉS !
HA ! HA ! HA ! ICI, LA LOI, ON LA FAIT NOUS-MÊMES, AMIGO! ALLEZ, DU VENT !...
ON A BIEN SABOTÉ L'HÉLICO CETTE NUIT ! LA CINEFLEX ÉTAIT BIEN ENDOMMAGÉE ! J'ESPÈRE QUE TA RÉPARATION TIENDRA, C'EST INDISPENSABLE POUR L'ÉMISSION !
POUR ÇA, PAS DE SOUCI, CHRISTIAN, C'EST MOI LE MEILLEUR !
TIENS, VOILÀ GEORGES, IL N'A PAS L'AIR DE BONNE HUMEUR !
TU T'ES LEVÉ DU PIED GAUCHE ?
TU PARLES ! JE SUIS TOMBÉ SUR TROIS DRÔLES DE GARS PRÊTS À ME TAILLER EN PIÈCES !
ÉTRANGE COÏNCIDENCE ! EN Y RÉFLÉCHISSANT, CE SONT PEUT-ÊTRE EUX QUI ONT ABÎMÉ NOTRE MATÉRIEL ?... MAIS DANS QUEL BUT ?
EN TOUT CAS, RICKY A ASSURÉ COMME UN CHEF ! ON VA POUVOIR DÉCOLLER ET PARTIR FILMER QUELQUES SÉQUENCES DE REQUINS... ON VA REDORER LEUR BLASON !
ILS EN ONT BIEN BESOIN, AVEC LEUR MAUVAISE RÉPUTATION !
19

UN PEU PLUS TARD...
GEORGES ! CE NE SONT PAS TES TROIS LASCARS ?
PAS DE DOUTE, CE SONT BIEN EUX !
T'AVAIS RAISON, ILS N'ONT PAS L'AIR FACILES ! BAH, LAISSONS-LES, NOUS AVONS AUTRE CHOSE DE MIEUX À FAIRE...
¡CARAMBA!
KRASH
UN PEU PLUS LOIN, DU CÔTÉ DE LA PLAGE D'ANAKENA, DÉBUTE LE TOURNAGE D'UN PROCHAIN USHUAÏA...
YAZID, ON ATTEND QUI POUR COMMENCER ?
FABRICE, NOTRE PRENEUR DE SON ! JE L'AI VU PARTIR CE MATIN À CHEVAL ET...
AH ! CES SONDIERS NE SONT JAMAIS PRÊTS !
CALME-TOI, NICOLAS, ON PEUT COMMENCER À TOURNER... LE VOICI !

JE NE TROUVE PLUS MES ÉTRIERS ! OÙ SONT MES ÉTRIERS ?
AÏE ! C'EST SANS DOUTE LA PREMIÈRE FOIS QU'IL MONTAIT ?
... ET SÛREMENT LA DERNIÈRE !
¡A ORANA OE !
LE GOUVERNEUR ! COMME SI C'ÉTAIT LE MOMENT POUR NOUS RENDRE UNE VISITE DE COURTOISIE !
EN PLEIN TOURNAGE ! ET AVEC SON ADJOINT, EN PLUS !...
MATA-KITE-RANI... DES YEUX REGARDENT LES ÉTOILES, C'EST L'UN DES NOMS ANCIENS DE L'ÎLE DE PÂQUES, ET C'EST CELUI QUI EXPRIME LE MIEUX LA VÉRITÉ DE CETTE ÎLE MAGIQUE AU PASSÉ OBSCUR...
CHUT ! PAS TROP DE BRUIT, ON TOURNE !
JE VIENS VOIR SI TOUT SE PASSE BIEN...
NOTRE ÉQUIPE HÉLICO A EU UN PETIT ACCROCHAGE AVEC QUELQUES ÎLIENS... MAIS RIEN DE GRAVE. MAIS ON TOURNE, ÉCOUTEZ PLUTÔT.
AUJOURD'HUI ENCORE, SUR CETTE MINUSCULE PARTIE DE TERRE OÙ LA VIE SE MEURT, QUATRE CENTS GÉANTS DE PIERRE FIXENT LE CIEL DE LEURS YEUX VIDES, ET NOUS PARLENT D'UNE CIVILISATION FABULEUSE AUX SECRETS FASCINANTS.
L'ÎLE DE PÂQUES, QUE L'ON A SURNOMMÉE "RAPA NUI", NE FAIT QUE DOUZE KM DE LARGE ET VINGT-QUATRE KM DE LONG. C'EST UNE ÎLE VOLCANIQUE DE TYPE OCÉANIQUE... LES ANCIENS L'APPELAIENT AUSSI "TE PITO TE HENUA", LA FIN DE LA TERRE...
BONSOIR ! C'EST DANS CE CONTEXTE SI PARTICULIER, QU'USHUAÏA NATURE VOUS PROPOSE DE PLONGER DANS L'UNIVERS DES TORTUES...
POUR M'ACCOMPAGNER TOUT AU LONG, MAYA... BIOLOGISTE MARINE DANS LE DÉVELOPPEMENT DU MILIEU ET DU PEUPLEMENT AQUATIQUE. PASSIONNÉE DE TORTUES, MAYA ŒUVRE POUR LA CONNAISSANCE ET LA PROTECTION DES ESPÈCES MENACÉES...
¡A ORANA OE !

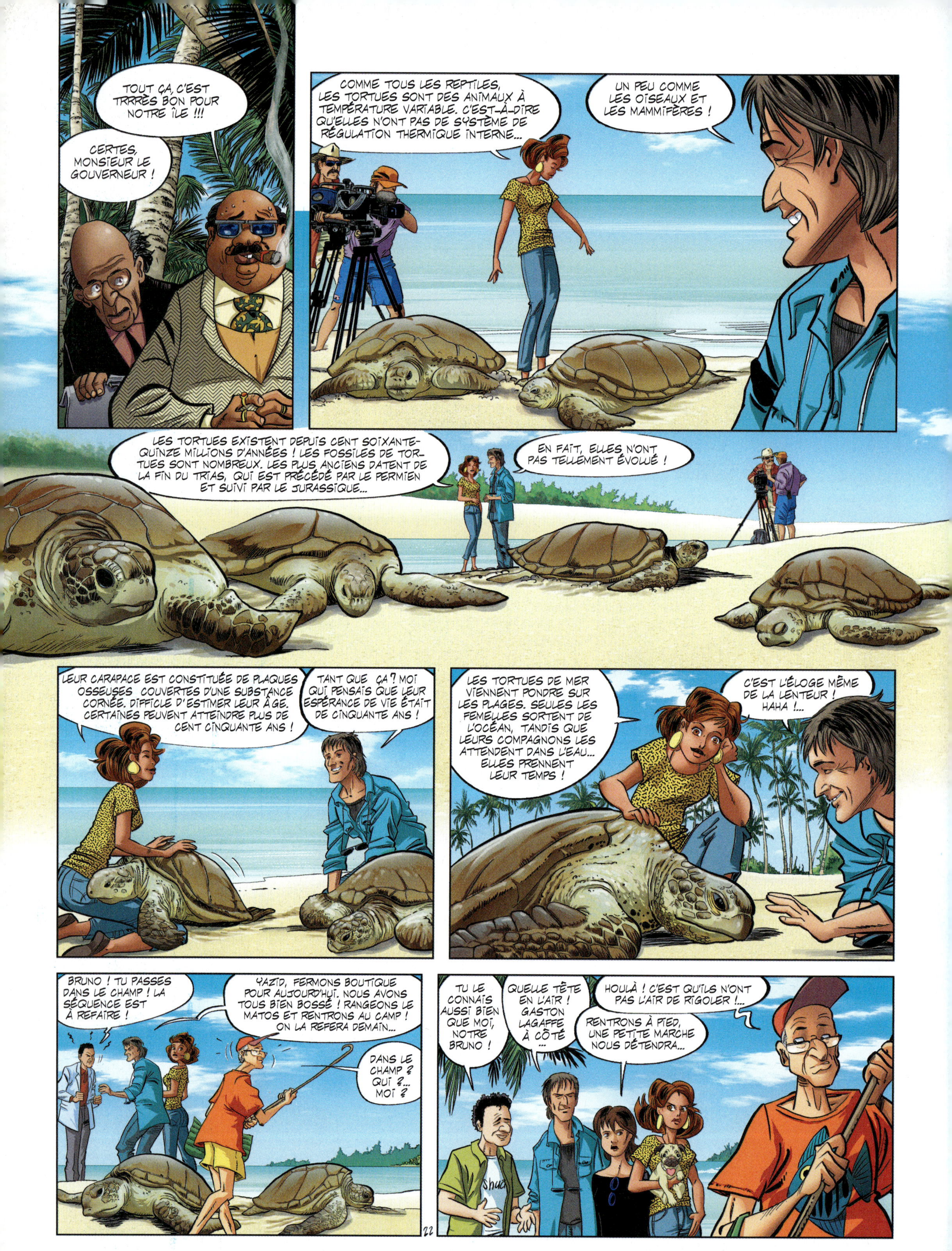
TOUT ÇA, C'EST TRRRÈS BON POUR NOTRE ÎLE !!!
CERTES, MONSIEUR LE GOUVERNEUR !
COMME TOUS LES REPTILES, LES TORTUES SONT DES ANIMAUX À TEMPÉRATURE VARIABLE. C'EST-À-DIRE QU'ELLES N'ONT PAS DE SYSTÈME DE RÉGULATION THERMIQUE INTERNE...
UN PEU COMME LES OISEAUX ET LES MAMMIFÈRES !
LES TORTUES EXISTENT DEPUIS CENT SOIXANTE-QUINZE MILLIONS D'ANNÉES ! LES FOSSILES DE TORTUES SONT NOMBREUX. LES PLUS ANCIENS DATENT DE LA FIN DU TRIAS, QUI EST PRÉCÉDÉ PAR LE PERMIEN ET SUIVI PAR LE JURASSIQUE...
EN FAIT, ELLES N'ONT PAS TELLEMENT ÉVOLUÉ !
LEUR CARAPACE EST CONSTITUÉE DE PLAQUES OSSEUSES COUVERTES D'UNE SUBSTANCE CORNÉE. DIFFICILE D'ESTIMER LEUR ÂGE. CERTAINES PEUVENT ATTEINDRE PLUS DE CENT CINQUANTE ANS !
TANT QUE ÇA ? MOI QUI PENSAIS QUE LEUR ESPÉRANCE DE VIE ÉTAIT DE CINQUANTE ANS !
LES TORTUES DE MER VIENNENT PONDRE SUR LES PLAGES. SEULES LES FEMELLES SORTENT DE L'OCÉAN, TANDIS QUE LEURS COMPAGNONS LES ATTENDENT DANS L'EAU... ELLES PRENNENT LEUR TEMPS !
C'EST L'ÉLOGE MÊME DE LA LENTEUR ! HAHA !...
BRUNO ! TU PASSES DANS LE CHAMP ! LA SÉQUENCE EST À REFAIRE !
YAZID, FERMONS BOUTIQUE POUR AUJOURD'HUI. NOUS AVONS TOUS BIEN BOSSÉ ! RANGEONS LE MATOS ET RENTRONS AU CAMP ! ON LA REFERA DEMAIN...
DANS LE CHAMP ? QUI ?... MOI ?
22
TU LE CONNAIS AUSSI BIEN QUE MOI, NOTRE BRUNO !
QUELLE TÊTE EN L'AIR ! GASTON LAGAFFE À CÔTÉ ...
HOULÀ ! C'EST QU'ILS N'ONT PAS L'AIR DE RIGOLER !...
RENTRONS À PIED, UNE PETITE MARCHE NOUS DÉTENDRA...

ÎLS AVAIENT L'AIR TRÈS EN COLÈRE ! POUR ME FAIRE PARDONNER JE VAIS LEUR APPORTER DES LANGOUSTES !
AVEC UNE SAUCE PIMENTÉE !... MIAM...
?!!
AAAAH!
PLOUF
Shua
23

VOICI DONC CES FAMEUSES STATUES MOAÏ ! C'EST ASSEZ IMPRESSIONNANT À VOIR !
J'EN SUIS TOMBÉE AMOUREUSE DEPUIS QUE JE VIS ICI ! TU SAIS, ELLES FONT LA RÉPUTATION DE L'ÎLE... ELLES EN SONT À LA FOIS LE SYMBOLE ET LE MYSTÈRE...
TU PEUX ME DIRE COMBIEN ELLES MESURENT ET LEUR POIDS ?
ELLES MESURENT ENTRE TROIS ET VINGT-DEUX MÈTRES DE HAUTEUR... ET PÈSENT CENT CINQUANTE TONNES ! ELLES SONT ÂGÉES D'AU MOINS CINQ SIÈCLES !...
ET COMMENT LES PASCUANS ONT PU TRANSPORTER ET DRESSER CES GÉANTS ?
CE N'EST PLUS UNE ÉNIGME ! ELLES SONT SCULPTÉES DANS DES BLOCS DE BASALTE PROVENANT DE LA CARRIÈRE DE RANO RARAKU SITUÉE DANS LE CRATÈRE D'UN VOLCAN... CERTAINS Y VOYAIENT L'ŒUVRE DES EXTRA-TERRESTRES !...
AUTREFOIS, L'ÎLE ÉTAIT BOISÉE... UNE FOIS SCULPTÉ, LES ÎLIENS DÉTACHAIENT LE BLOC, PUIS LE TIRAIENT SUR DES TRONCS D'ARBRES. IL FALLAIT PLUS DE CINQUANTE HOMMES POUR DRESSER LA STATUE À L'AIDE D'UN PALAN...
LES PREMIERS EXPLORATEURS ONT DÛ ÊTRE TERRORISÉS EN VOYANT CES MONSTRES !
NICOLAS, LA NUIT TOMBE, IL FAUT PRESSER LE PAS ! ON NE VA PAS BIVOUAQUER ICI !
SNIF SNIF
UN PROBLÈME, MAYA ?
NON, DENIS. TABASCO A SENTI QUELQUE CHOSE... JE VAIS LE CHERCHER ET JE VOUS REJOINS...
24
NE TARDE PAS TROP, ON Y VA.
TABASCOOO...

TABASCO, TU EXAGÈRES ! REGARDE, ON NE VOIT DÉJÀ PLUS L'ÉQUIPE !
ALLEZ, VIENS !...
C'EST CRIMINEL DE JETER SES DÉCHETS DANS LA NATURE ! UNE CANETTE MET PLUS DE DEUX CENT CINQUANTE ANS À SE DÉTRUIRE !
MAIS ?!? QU'EST-CE QUE...
PENDANT CE TEMPS, DU CÔTÉ DE LA PLAGE D'ANAKENA...
PAS MAL, LE PLONGEON !
CY... CYRIL ?... LAURENT ?
DIS, BRUNO, TU CHERCHES À BATTRE MON RECORD DE PROFONDEUR DE CENT QUATRE-VINGT-DOUZE MÈTRES ?!...
ON RÉALISAIT DES PRISES DE VUES SOUS-MARINES... ET EN RENTRANT ON T'A VU TOMBER !
IL FAUT TOUT DE SUITE PRÉVENIR NICOLAS !
DES MONSTRES !... J'AI ÉTÉ ATTAQUÉ PAR DES MONSTRES ATROCES !!!
TU ES ENCORE SOUS LE CHOC !... REGAGNONS LE CAMP, ON VERRA ÇA APRÈS !
PASSEZ DEVANT, J'ARRIVERAI PLUS TARD ! JE DOIS RANGER MON ÉQUIPEMENT POUR DEMAIN...
HDTV
STOCK

REGARDEZ ! UN TROUPEAU DE CHEVAUX SAUVAGES ! AH, SI FLORENCE, MA FEMME, VOYAIT ÇA... C'EST GRANDIOSE !
ILS SONT LOIN D'ÊTRE CRAINTIFS ! ÉTONNANT !
ILS DESCENDENT DE CHEVAUX DOMESTIQUÉS, REVENUS À L'ÉTAT SAUVAGE...
HIIIIIIII !
QUELQUE CHOSE LUI FAIT PEUR !
C'EST ÉTRANGE !
NICOLAS ! J'AI L'IMPRESSION QUE QUELQU'UN NOUS OBSERVE !!!
VOUS... VOUS ENTENDEZ CE BRUIT ?... CE SIFFLEMENT ?
LE VENT ?
LÀ !... REGARDEZ !
AAAAAH ! DES MONSTRES !
LÀ, IL Y A TROP DE MONDE SUR LA PASSERELLE !... FUYONS !
ARRIÈRE !

VITE ! VIIITE !
EAAAYSYAAAAH
ILS... ILS ARRIVENT DANS NOTRE DIRECTION !
YAZID, NOUS SOMMES FICHUS !...
MON DIEU ! PAUVRE DENIS !
NON !... REGARDE ! IL RÉUSSIT À LEUR ÉCHAPPER ! ...
LÀ DEVANT, UN CRATÈRE CREUSÉ PAR L'ÉJECTION DE MATÉRIAUX VOLCANIQUES !
?
ÇA DOIT ÊTRE PROFOND ! C'EST NOTRE SEULE CHANCE, PETIT CHOU !...
HEU... NICOLAS, JE NE SUIS PAS SÛR D'AVOIR TOUT COMPRIS...
TU VAS JOUER L'APPÂT ! TU VAS DERRIÈRE LE TROU... ILS FONCENT SUR TOI !... MOI, J'ARRIVE PAR-DERRIÈRE ET JE LES POUSSE DEDANS !...
27

TU VAS RÉUSSIR, PETIT CHOU ! C'EST NOTRE SEULE CHANCE !
FA... FACILE À DIRE !... PUISQUE LA PEUR N'ÉVITE PAS LE DANGER, ALLONS-Y !
ÉHOOO, LES VILAINS PAS BEAUX !... PAR ICI !!!...
N'EN FAIS PAS TROP QUAND MÊME !
VENEZ LÀ SI VOUS ÊTES DES...
TIENS-TOI PRÊT, NICOLAS, ILS ARRIVENT...
KAYAAAAAA!!!
AAAAH!
NICOLAS !... NON !!!
NICOLAAAA
NI... NICOLAS...
28

QUELLE CATASTROPHE !
NICOLAS !... RIEN À FAIRE, IL NE RÉPOND PAS !...
MON DIEU ! C'EST HORRIBLE !
PLUS DE PEUR QUE DE MAL !... HEUREUSEMENT QUE CES DEUX-LÀ ONT AMORTI MA CHUTE !
PETIT CHOU ! TOUT VA BIEN ! RIEN DE CASSÉ ! SEULEMENT QUELQUES ÉGRATIGNURES !... LANCE-MOI UNE CORDE... NOUS SERONS TROIS À REMONTER !
IL EST VIVANT ! IL EST VIVAAANT !!!
HA HA HA HA HAAA !...
USHUAÏ
COMMENT ÇA, TROIS ?!?
QUELQUES MINUTES PLUS TARD...
MESSIEURS, DONNEZ-VOUS LA PEINE D'ENLEVER CES MASQUES RIDICULES ! LA FÊTE EST TERMINÉE !
JE VOUS PRÉSENTE LES FAMEUX MONSTRES MOAÏ KAVA KAVA !... LES DEUX FILS DU VIEIL ERMITE RANO-TANGA !...

PAS UN MOT, MES FILS !!!
RANO-TANGA !
JE M'EN DOUTAIS ! MAIS, POURQUOI TOUTE CETTE MASCARADE DIABOLIQUE ?
SILENCE !
IL N'Y A AUCUNE DIABLERIE ! DEPUIS LA NUIT DES TEMPS, DES HOMMES VIENNENT PILLER NOS RICHESSES. DEPUIS DES GÉNÉRATIONS, DES DESCENDANTS DU PREMIER ROI HOTU MATUA SONT CHOISIS POUR PROTÉGER ET GARDER EN LIEU SÛR NOTRE PLUS PRÉCIEUX TRÉSOR, LE COLLIER DE DIAMANTS DE NOTRE GRAND ROI...
NOUS SOMMES LES DIGNES HÉRITIERS DE CE LOURD SECRET ! NOUS RÉPANDONS LA PEUR ET LA DÉSOLATION EN NOUS DÉGUISANT EN MONSTRES MOAÏ...
NOUS DONNONS AINSI L'ILLUSION D'UN PHÉNOMÈNE SURNATUREL POUR FAIRE FUIR L'ENVAHISSEUR ! UNE FAÇON MYSTIQUE DE CONSERVER NOTRE JOYAU !
SI LE COLLIER VENAIT À DISPARAÎTRE, UNE MALÉDICTION S'ABATTRAIT ALORS SUR TOUTE L'ÎLE ! CE SERAIT UNE CATASTROPHE !...
JE N'EN REVIENS PAS ! JE VIENS DE DÉMASQUER UNE SUPERCHERIE EXISTANT DEPUIS PLUSIEURS SIÈCLES !...
IL Y AVAIT D'AUTRES MOYENS DE PROCÉDER ! L'ÎLE EST MAINTENANT DÉSERTÉE PAR LES TOURISTES ! ELLE SE MEURT PAR VOTRE FAUTE !
DE GRÂCE, ÉTRANGERS, PROMETTEZ DE NE JAMAIS RÉVÉLER NOTRE EXISTENCE...
30

TU AS NOTRE PAROLE, MAIS À L'AVENIR, TROUVEZ DES SOLUTIONS, DISONS, UN PEU PLUS RÉALISTES ! ...
MERCI, NOBLE ÉTRANGER !
LES MOAÏ SONT SACRÉS ! ILS VEILLENT SUR NOUS !... BON SÉJOUR SUR NOTRE ARCHIPEL !
PFFF ! C'EST PAS ICI QUE JE PASSERAI MES VACANCES !
PETIT CHOU, CETTE RENCONTRE AVEC LE VIEIL ERMITE NOUS PERMET DE RÉFLÉCHIR EN NOURRISSANT NOTRE CONSCIENCE ET NOUS INVITE AU RESPECT...
L'ÎLE DE PÂQUES EST UN MICROCOSME, UN RÉSUMÉ DE NOTRE HISTOIRE, ET PEUT-ÊTRE MALHEUREUSEMENT DE NOTRE DEVENIR...
RANO-TANGA EST UN VIEUX SAGE, JE COMPRENDS MIEUX SON INQUIÉTUDE. À PRÉSENT, RENTRONS...
UNE FOIS AU CAMPEMENT...
ENFIN VOUS VOILÀ ! JE M'INQUIÉTAIS !
QUELLE JOIE DE VOUS RETROUVER ! J'AI VÉCU UN DÉLUGE DE PÉRIPÉTIES ! J'AI ÉTÉ ATTAQUÉ PAR DES MONSTRES !!! JE SUIS TOMBÉ D'UNE FALAISE !... J'AI MÊME FAILLI ME NOYER... ET...
PAS LA PEINE DE T'ÉGOSILLER, BRUNO ! TU DÉBORDES D'IMAGINATION !
'Y A PLUS DE MONSTRES ! ON VA SE COUCHER, NOUS AUSSI ON A EU DES ÉMOTIONS ! ...
BEN, IL M'ARRIVE PLEIN DE CATASTROPHES, ET POUR UNE FOIS JE N'AI RIEN PROVOQUÉ ! TOUT LE MONDE S'EN FICHE ! C'EST PAS JUSTE !... VRAIMENT PAS JUSTE !
31

NICOLAS !...
HMMMM...
NICOLAS !
NICOLAS ! NICOLAS !... RÉVEILLE-TOI, BON SANG !
AAAAH !
YAZID ?!... QUE... QUE SE PASSE-T-IL ?!?
MAYA A DISPARU !!! VOLATILISÉE ! CE MATIN, GEORGES A RETROUVÉ TABASCO ERRANT SEUL EN PLEINE NATURE !...
EN EFFET ! ELLE N'EST PAS RENTRÉE AVEC NOUS HIER. JE LA CROYAIS DÉJÀ ARRIVÉE AU CAMP !...
L'AUTRE HIC, C'EST QUE CYRIL EST INTROUVABLE ! IL A DISPARU LUI AUSSI !...

QUELQUES HEURES PLUS TARD, SUR LA PLAGE D'AHU TAHAI...
IL FAUT À TOUT PRIX QUE JE PARLE À NICOLAS ! C'EST URGENT !
GOUVERNEUR, LE MOMENT EST MAL CHOISI POUR DISCUTER AVEC LUI ! MAYA ET CYRIL, DEUX MEMBRES DE NOTRE ÉQUIPE, ONT DISPARU ET RESTENT INTROUVABLES !...
JE CONNAIS NICOLAS DEPUIS LONGTEMPS ! DANS CES MOMENTS-LÀ, IL A BESOIN DE SOLITUDE POUR RÉFLÉCHIR...
LE COLLIER DU GRAND HOTU MATUA A ÉTÉ DÉROBÉ ! LA PROPHÉTIE VA SE RÉALISER !
LA MALÉDICTION EST SUR NOUS !
C'EST UN GRAND MALHEUR ! LA FIN EST PROCHE ! IL FAUT QUE TANGATA MANU, L'HOMME-OISEAU, VIENNE À NOTRE SECOURS !...
CE MATIN, DANS LA CACHETTE TENUE SECRÈTE, J'AI CONSTATÉ LE VOL DE NOTRE JOYAU DE L'ÎLE ! C'EST UN SACRILÈGE !
IL SE PASSE DÉCIDÉMENT TROP DE CHOSES TROUBLANTES ICI !
C'EST À CE SUJET QUE JE VOULAIS VOUS VOIR, NICOLAS ! NOTRE POPULATION EST TRÈS SUPERSTITIEUSE... NOUS SOMMES MAINTENANT TOUS MAUDITS !
UN PEU DE SANG-FROID, RANO-TANGA ! ON VA REMETTRE DE L'ORDRE SUR CETTE ÎLE ! D'ABORD RETROUVER NOS DEUX AMIS, ET ENSUITE S'OCCUPER DU COLLIER SACRÉ !..
33

LA GRANDE PROPHÉTIE ! QUICONQUE DÉROBERA CE BIJOU SACRÉ ATTIRERA LA MALÉDICTION ! CE SERA LE GRAND CATACLYSME ! UN FEU DÉVASTATEUR VIENDRA DU CIEL ET DE LA TERRE, ET TOUTE L'ÎLE SERA ANÉANTIE PAR LES FLAMMES !...
QUEL ACTEUR, CE RANO-TANGA !... J'AI BIEN FAILLI CROIRE À TOUT ÇA !
NON, NON, PETIT CHOU ! ÇA M'A L'AIR PLUS QUE SÉRIEUX !
ALORS, LES TOURISTES ! ON DIRAIT QUE J'ARRIVE À TEMPS !
TOUJOURS À L'HEURE, COMME LA CAVALERIE !
GILLES ! TE VOILÀ ENFIN !
Z'AVEZ VU LA CLASSE ?...
IL S'EN PASSE DES CHOSES, ICI ! BRUNO M'A TOUT RACONTÉ... ALORS IL FAUT AGIR, ET VITE !
DÉJÀ À L'AÉROPORT, UN INDIEN BIZARRE À MOUSTACHES NOUS A MIS EN GARDE !... ÎLE MAUDITE, MAUVAIS PRÉSAGES, MOAÏ KAVA KAVA ET TOUT LE BAZAR !!!
À L'ÉVIDENCE, ON DÉRANGE ET ON CHERCHE À NOUS EFFRAYER ! MAIS POURQUOI ? À CŒUR VAILLANT, RIEN D'IMPOSSIBLE ! METTONS-NOUS EN ROUTE, MES AMIS...
CHRISTIAN ET RICKY NOUS PRÉPARERONT L'HÉLICO. CE SERA PLUS SIMPLE POUR SURVOLER LES CENT SOIXANTE-DEUX KM² DE L'ARCHIPEL ET EN FOUILLER LES MOINDRES RECOINS...
NON, GILLES, PAS L'HÉLICO. L'U.L.M. AU MOTEUR ÉLECTRIQUE SERA PLUS ADAPTÉ ! PLUS LÉGER ET PLUS DISCRET...
L'U.L.M. ? MAIS TU NE L'AS PAS ENCORE EXPÉRIMENTÉ ! C'EST UNE IDÉE UN PEU RISQUÉE, NICOLAS !...
34

QUELQUES ESSAIS PLUS TARD...
WHAOUUU ! C'EST GRANDIOSE ! HOLÀ !... IL Y A UN PEU DE VENT !
HEUREUSEMENT QUE J'AVAIS PRÉVU ASSEZ DE PANSEMENTS !
OUI, AU BOUT DE CINQ ESSAIS !
IL SE DÉBROUILLE PAS MAL, REGARDEZ !
DE LÀ, LA VUE EST EXCELLENTE ET LE SENTIMENT DE LIBERTÉ EST INFINI !
NAGER AVEC LES REQUINS, LES DAUPHINS, LES BALEINES, C'EST MERVEILLEUX, MAIS VOLER AVEC LES CORMORANS, C'EST CARRÉMENT INCROYABLE !
DES BALEINES À BOSSE ! DES MONSTRES DE TENDRESSE... ELLES SONT MAJESTUEUSES ET ELLES ÉMETTENT LES PLUS BEAUX CHANTS DE L'OCÉAN...
ET DIRE QUE CES CÉTACÉS APPARURENT SOIXANTE-CINQ MILLIONS D'ANNÉES AVANT LES PREMIERS HOMMES. LE CONTACT AVEC NOS ANCÊTRES REMONTE AUX TEMPS PRÉ-HISTORIQUES... J'IMAGINE LEUR TERREUR DEVANT DE TELS GÉANTS ! ELLES ONT TOUT MON RESPECT ! ET...
TIENS ?!? DEUX OMBRES NOIRES LE LONG DES FALAISES... ELLES SEMBLENT SE DIRIGER VERS CETTE GROTTE SOUS-MARINE...
35

REGARDEZ ! LA PROPHÉTIE DISAIT VRAI !!!
TANGATA MANU A ENTENDU NOTRE DÉTRESSE ! IL VIENT NOUS SAUVER DE LA MALÉDICTION !
TANGATA MANU !
TANGATA MANU ! TANGATA MANU !
TANGATA MANU !!!
ÇA PAR EXEMPLE !... PETIT CHOU ! ÉRIC ! EXPLIQUEZ-MOI QUI SONT TOUS CES GENS ET POURQUOI M'APPELLENT-ILS TANGATA MANU ?!?
EN T'APERCEVANT DANS LE CIEL AVEC TON U.L.M. ILS TONT PRIS POUR LEUR SAUVEUR !
TANGATA MANU! TANGATA MANU
OUI, TANGATA MANU, L'HOMME-OISEAU, LE SYMBOLE DE PAIX ARRIVERA PAR LES AIRS POUR LES PROTÉGER DU GRAND CATACLYSME ! C'EST ÉCRIT DANS LES MYSTÉRIEUSES LÉGENDES DE L'ÎLE DE PÂQUES !
PAS DE PANIQUE ! CE NE SONT QUE DE SIMPLES CROYANCES ! UNE MAUVAISE INTERPRÉTATION ! ME VOILÀ DANS DE BEAUX DRAPS !...
QUELQUE CHOSE ME DIT QUE LA DISPARITION DE NOS AMIS ET LE VOL DU COLLIER DU ROI HOTU MATUA SONT LIÉS... MA VIRÉE AÉRIENNE NE M'A PAS APPORTÉ GRAND-CHOSE... SEULEMENT DEUX INQUIÉTANTES MASSES NOIRES SE FAUFILANT SOUS UNE GALERIE SOUS-MARINE. ÇA NE RESSEMBLAIT GUÈRE À DES POISSONS ! MAIS...
MAIS ?...
À VOIR TON AIR, TU AS UNE IDÉE DERRIÈRE LA TÊTE, TOI.
J'AI TROUVÉ UNE GROTTE PAS LOIN D'ICI. JE VAIS M'Y RENDRE AVEC LAURENT, LE TEMPS DE PRÉPARER LE MATÉRIEL ET DE DONNER QUELQUES DIRECTIVES À GILLES ET YAZID...

UN PEU PLUS TARD...
ON A DEUX HEURES D'OXYGÈNE ET UNE PETITE RÉSERVE, JUSTE LE TEMPS DE TROUVER L'ENTRÉE DE CETTE FAMEUSE GROTTE...
TU SAIS QU'T'ES PAS MAL EN COMBINAISON ? HA HA HA !
CET ENDROIT EST PEUPLÉ DE REQUINS CITRONS ! JE LES RECONNAIS À LEUR COULEUR JAUNE ! ILS FONT AU MOINS TROIS MÈTRES !...
JE SAIS QU'ILS SONT DOCILES, MAIS CROIS-TU QU'ILS SOIENT PRESSÉS ?
REQUINS CITRONS PRESSÉS ! HA HA HA ! HAHAHAHAHA !
FAIS GAFFE, LAURENT ! AVEC UN HUMOUR AUSSI LOURD, TU RISQUES DE NE PAS POUVOIR REMONTER !!!
PARTEZ PAS, LES POISSONS ! JE NE VOULAIS PAS VOUS DÉRANGER !...
DES ÉPAVES, VESTIGES DU PASSÉ... C'EST FANTASTIQUE !
?!!!
!!!

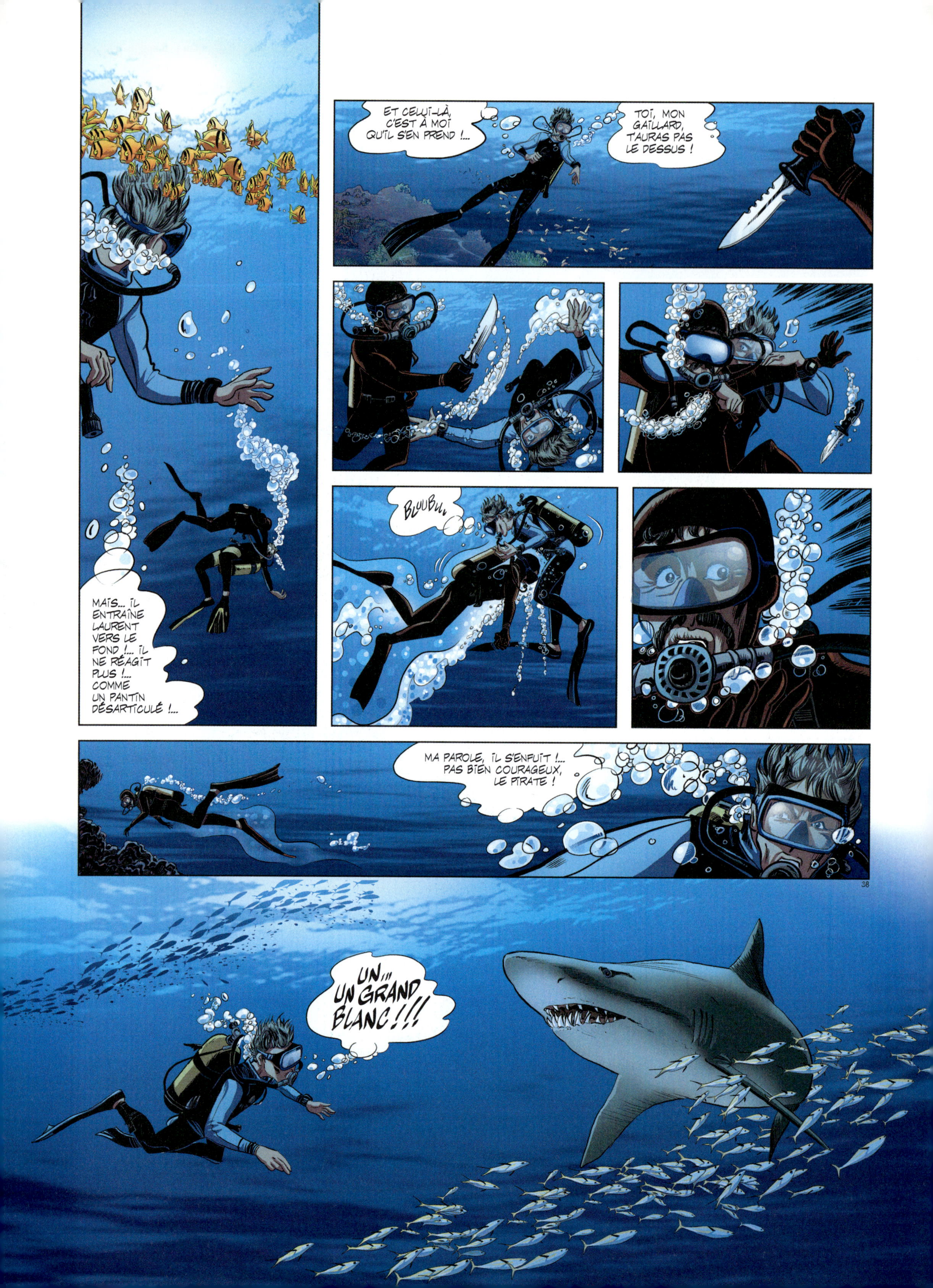
ET CELUI-LÀ, C'EST À MOI QU'IL S'EN PREND !...
TOI, MON GAILLARD, T'AURAS PAS LE DESSUS !
MAIS... IL ENTRAÎNE LAURENT VERS LE FOND !... IL NE RÉAGIT PLUS !... COMME UN PANTIN DÉSARTICULÉ !...
BLUUBU,
MA PAROLE, IL S'ENFUIT !... PAS BIEN COURAGEUX, LE PIRATE !
38
UN... UN GRAND BLANC !!!

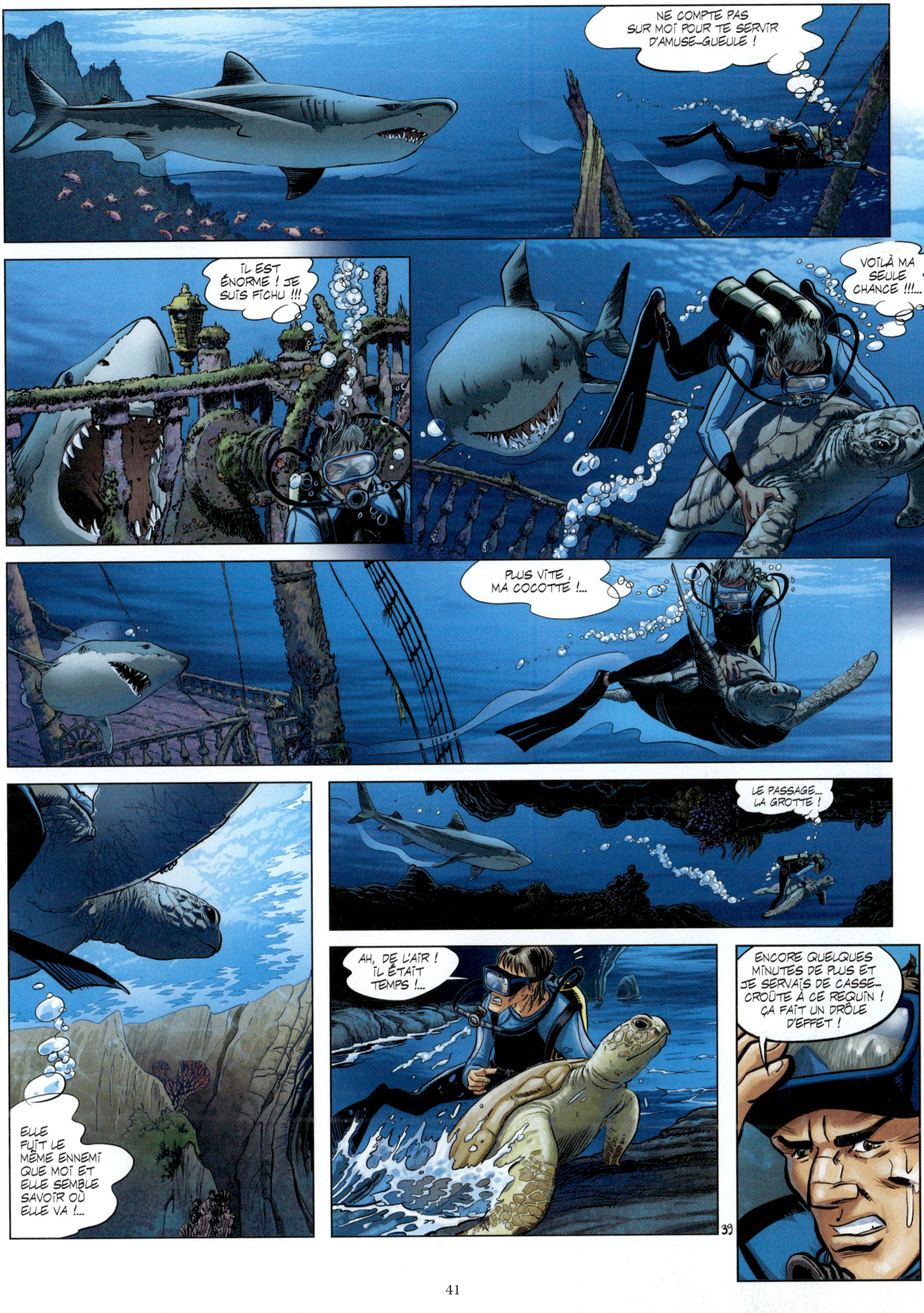
NE COMPTE PAS SUR MOI POUR TE SERVIR D'AMUSE-GUEULE !
IL EST ÉNORME ! JE SUIS FICHU !!!
VOILÀ MA SEULE CHANCE !!!...
PLUS VITE, MA COCOTTE !...
ELLE FUIT LE MÊME ENNEMI QUE MOI ET ELLE SEMBLE SAVOIR OÙ ELLE VA !...
LE PASSAGE... LA GROTTE !
AH, DE L'AIR ! IL ÉTAIT TEMPS !...
ENCORE QUELQUES MINUTES DE PLUS ET JE SERVAIS DE CASSE-CROÛTE À CE REQUIN ! ÇA FAIT UN DRÔLE D'EFFET !
39

MERVEILLEUX ! UNE GROTTE DONT LA NATURE GÉOLOGIQUE A FABRIQUÉ DES GALERIES DE LAVE ET DE FOSSES MARINES !
MAINTENANT, C'EST PAS TOUT ! TROUVER LA BONNE SORTIE...
C'EST INOUÏ !... JE ME TROUVE DANS UNE GROTTE SACRÉE OÙ SONT ENFOUIES LES TOMBES DES PLUS GRANDS CHEFS PASCUANS !... PLUTÔT MACABRE !... BRRRR...
DES SERPENTS ! JE DÉTESTE LES SERPENTS ! RESTEZ OÙ VOUS ÊTES, SALES BÊTES !... JE NE M'Y FERAI JAMAIS !
LÀ !... JE NE RÊVE PAS ! DES TABLETTES DE BOIS RONGORONGO ! UNE ÉCRITURE INVENTÉE PAR LES ANCIENS PASCUANS ! ELLES SONT GRAVÉES ET RACONTENT TOUTE L'HISTOIRE DE CETTE ÎLE ! C'EST EXCEPTIONNEL !...
QUAND JE PENSE QUE LA PLUPART ONT ÉTÉ BRÛLÉES ET QU'IL N'EN RESTE QU'UNE VINGTAINE AUJOURD'HUI ! PERSONNE N'A ENCORE RÉUSSI À LES DÉCHIFFRER !
HAAA !!! DES CHAUVES-SOURIS ! IL NE MANQUAIT PLUS QUE ÇA !
ELLES SEMBLENT PRENDRE CETTE DIRECTION ! SUIVONS-LES !
DES MARCHES ? CE HASARD EST VRAIMENT PROVIDENTIEL ! CERTAINEMENT UNE ANCIENNE ENTRÉE OUBLIÉE... PEUT-ÊTRE MON SALUT ?...
EH BIEN ! IL ME SEMBLE QUE J'ENTENDS DES VOIX À PRÉSENT ! MAIS OUI, CE SONT BIEN DES VOIX DE L'AUTRE CÔTÉ DE CETTE BRÈCHE VOLCANIQUE !...
40

CYRIL ! LAURENT ! VOUS ÊTES EN VIE ! MAIS QUI A BIEN PU...
OH ! RÉPONDEZ, LES AMIS !
LES MALHEUREUX ! ILS NE RÉAGISSENT PLUS !... ILS ONT ÉTÉ DROGUÉS !!!
CE CHER NICOLAS HULOT ! TOUJOURS LÀ QUAND ON NE L'ATTEND PAS !
MOTU-TARA ! J'AURAIS DÛ ME DOUTER QUE VOUS NE RESPITIEZ PAS L'HONNÊTETÉ !...
JE NE SUIS PAS NON PLUS RAVI DE VOUS REVOIR, CHER AMI ! MAINTENANT, LES MAINS EN L'AIR !
TRAÎTRE ! VOUS NE MÉRITEZ PAS LA CONFIANCE DES GENS D'ICI !
NE FAITES PAS LE BEAU, CHER NICOLAS... VOUS ÊTES À NOTRE MERCI ! MAIS LAISSEZ-MOI VOUS PRÉSENTER NOTRE CERVEAU...
IA ORANA OE, MONSIEUR NICOLAS !
MAYA ! C'EST PAR LA CONFIANCE QUE NAÎT LA TRAHISON !
EH OUI ! LES APPARENCES SONT SOUVENT TROMPEUSES !...
DIABOLIQUEMENT ASTUCIEUX DE PROFITER DE LA MALÉDICTION POUR DÉROBER LE TRÉSOR DE CES PAUVRES GENS ! JE TE CROYAIS PLUS RESPECTUEUSE DES PEUPLES ET DES CULTURES... POURQUOI ?
POUR L'ARGENT ! REGARDE !... CE QUI DEMEURAIT INTROUVABLE EST À PRÉSENT DEVANT TOI !
CE COLLIER SERA VENDU À L'UN DES PLUS GRANDS COLLECTIONNEURS DE LA PLANÈTE. JE CONNAISSAIS SA VALEUR... J'AI TOUT SACRIFIÉ POUR LE RETROUVER !
41

J'AI PRÉTEXTÉ UNE MISSION SCIENTIFIQUE ET BÉNÉFICIÉ DE L'AIDE DE MOTU-TARA ET DE QUELQUES MERCENAIRES MEXICAINS... NOUS L'AVONS CHERCHÉ, MAIS EN VAIN...
...JUSQU'AU MOMENT OÙ TABASCO A DÉCOUVERT PAR HASARD LE PASSAGE SECRET !
J'EN AI TANT RÊVÉ ! À MOI LA RICHESSE ! QUE DIS-TU DE ÇA ?
HEU... PUIS-JE BAISSER LES BRAS ?... J'ATTRAPE DES CRAMPES, MOI !
JE T'AI POURTANT DISSUADÉ DE VENIR METTRE TON NEZ ICI AVEC TON ÉQUIPE, MAIS...
ASSEZ RIGOLÉ, MAYA ! DÉBARRASSONS-NOUS DE LUI ET DES AUTRES, LE BATEAU EST PRÊT...
ADIEU, CHER NICOLAS... CETTE ÎLE SERA VOTRE TOMBEAU !...
HEU, ÇA M'ÉTONNERAIT... J'AI DU RENFORT ARMÉ, DERRIÈRE VOUS !
HA HA ! LE COUP CLASSIQUE ! QUEL MANQUE D'IMAGINA...
JETEZ VOS ARMES ET MAINS EN L'AIR !!!
OUI OUI, C'EST ÇA, LES MAINS BIEN EN L'AIR !
NOUS VOILÀ, NICOLAS, HAHA !...
42

PAW
KAÏÏÏ
HO, BRUNO ! RESTE AVEC NOUS !!!
L'HOMME DE L'AÉROPORT ! LE MAUVAIS PRÉSAGE ÉTAIT POUR TOI ! PLUS UN GESTE !
YAHAAA !
ÇA VA, BRUNO ? RIEN DE CASSÉ ?!?
!!?!
PETIT CHOU, MAIS PAR QUEL MIRACLE EXTRAORDINAIRE NOUS AS-TU TROUVÉS ?
TOUT LE MÉRITE REVIENT À TABASCO ! IL AVAIT LUI AUSSI DISPARU ET NOUS L'AVONS RETROUVÉ LÉCHANT UNE CANETTE PRÈS D'UN GROS ROCHER AUX INSCRIPTIONS ÉTRANGES ! DES DESSINS D'HOMMES-OISEAUX...
LÀ, J'AI DÉCOUVERT UN PASSAGE SECRET DANS LES BROUSSAILLES. JE M'Y SUIS AVENTURÉ ET SUIS TOMBÉ SUR DES GALERIES DE LAVE ! J'AI VITE COMPRIS QU'IL S'AGISSAIT D'UN REPAIRE !
CYRIL ET LAURENT ÉTAIENT BÂILLONNÉS, MAIS, SEUL, JE NE POUVAIS RIEN FAIRE ! ALORS, LES FILS DU VIEIL ERMITE SONT VENUS À MON AIDE... ET TU CONNAIS LA SUITE !...
SACRÉ PETIT CHOU !
TABASCO !... MERCI, P'TIT PÈRE ! TU ES UN VÉRITABLE HÉROS ! TU NOUS AS SAUVÉS...

LES AUTORITÉS CHILIENNES SONT PRÉVENUES ! UN AVION EST ENVOYÉ POUR METTRE CES VOLEURS À L'OMBRE POUR UN CERTAIN TEMPS !
ET VOILÀ NOS DEUX PLONGEURS ENCORE BIEN GROGGY !
ILS ONT EU LA MAIN LOURDE SUR LE CHLOROFORME !
CONTENT DE VOUS RETROUVER !
UN COUP SUR LA TÊTE ET C'ÉTAIT LE NOIR COMPLET COMME À L'INTÉRIEUR D'UN CACHALOT !...
ALLONS, EN ROUTE ! LA MALÉDICTION DES MOAÏ EST TERMINÉE !
DANS L'ORDRE ET LA DISCIPLINE ! HÉ HÉ HÉ !...
LE GENTIL NICOLAS A GAGNÉ ! IL A ENCORE UNE FOIS SAUVÉ LE MONDE ! MAIS LA VIE EST LONGUE ... ET JE REVIENDRAI !
SI CE QUE TU AS À DIRE EST MOINS BEAU QUE LE SILENCE... ALORS TAIS-TOI !...
RANO-TANGA, VOICI LE TRÉSOR DE L'ÎLE TANT CONVOITÉ PAR L'AVIDITÉ DES HOMMES ! TROUVE-LUI UNE CACHETTE DIGNE DE LUI ET RÈGNE EN TOUTE SÉRÉNITÉ SUR TON PEUPLE...
44

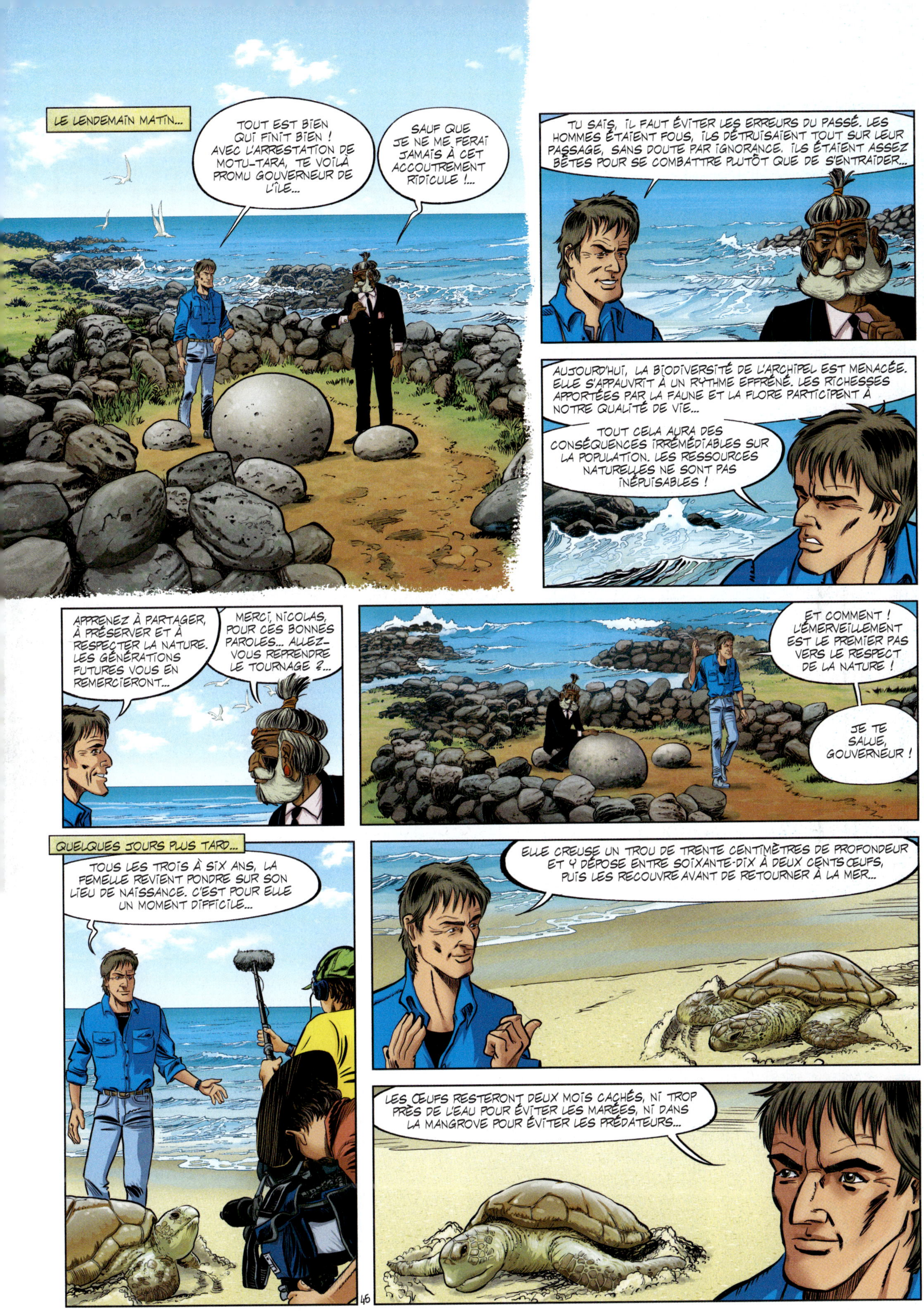
LE LENDEMAIN MATIN...
TOUT EST BIEN QUI FINIT BIEN ! AVEC L'ARRESTATION DE MOTU-TARA, TE VOILÀ PROMU GOUVERNEUR DE L'ÎLE...
SAUF QUE JE NE ME FERAI JAMAIS À CET ACCOUTREMENT RIDICULE !...
TU SAIS, IL FAUT ÉVITER LES ERREURS DU PASSÉ. LES HOMMES ÉTAIENT FOUS, ILS DÉTRUISAIENT TOUT SUR LEUR PASSAGE, SANS DOUTE PAR IGNORANCE. ILS ÉTAIENT ASSEZ BÊTES POUR SE COMBATTRE PLUTÔT QUE DE S'ENTRAIDER...
AUJOURD'HUI, LA BIODIVERSITÉ DE L'ARCHIPEL EST MENACÉE. ELLE S'APPAUVRIT À UN RYTHME EFFRÉNÉ. LES RICHESSES APPORTÉES PAR LA FAUNE ET LA FLORE PARTICIPENT À NOTRE QUALITÉ DE VIE...
TOUT CELA AURA DES CONSÉQUENCES IRRÉMÉDIABLES SUR LA POPULATION. LES RESSOURCES NATURELLES NE SONT PAS INÉPUISABLES !
APPRENEZ À PARTAGER, À PRÉSERVER ET À RESPECTER LA NATURE. LES GÉNÉRATIONS FUTURES VOUS EN REMERCIERONT...
MERCI, NICOLAS, POUR CES BONNES PAROLES... ALLEZ-VOUS REPRENDRE LE TOURNAGE ?...
ET COMMENT ! L'ÉMERVEILLEMENT EST LE PREMIER PAS VERS LE RESPECT DE LA NATURE !
JE TE SALUE, GOUVERNEUR !
QUELQUES JOURS PLUS TARD...
TOUS LES TROIS À SIX ANS, LA FEMELLE REVIENT PONDRE SUR SON LIEU DE NAISSANCE. C'EST POUR ELLE UN MOMENT DIFFICILE...
ELLE CREUSE UN TROU DE TRENTE CENTIMÈTRES DE PROFONDEUR ET Y DÉPOSE ENTRE SOIXANTE-DIX À DEUX CENTS ŒUFS, PUIS LES RECOUVRE AVANT DE RETOURNER À LA MER...
LES ŒUFS RESTERONT DEUX MOIS CACHÉS, NI TROP PRÈS DE L'EAU POUR ÉVITER LES MARÉES, NI DANS LA MANGROVE POUR ÉVITER LES PRÉDATEURS...
46

LES PETITES TORTUES NAÎTRONT D'ICI SEPT À DIX SEMAINES. PLUS TARD, ELLES SE HÂTERONT DE REJOINDRE LA MER, CAR ELLES SONT DES PROIES FACILES POUR LES CRABES ET LES OISEAUX...
MÊME ADULTE, LA TORTUE DE MER RESTE VULNÉRABLE. D'UN POINT DE VUE CULINAIRE, ELLE RÉGALE LES AMATEURS DE SOUPE...
ELLE A LA RÉPUTATION DE LENTEUR, MAIS QUELLE FINESSE SOUS L'EAU ! PEUT-ÊTRE NOUS ENVOIE-T-ELLE UN MESSAGE POUR NOUS DIRE QUE, DANS NOTRE SOCIÉTÉ OÙ IL FAUT TOUJOURS ALLER PLUS VITE, LA LENTEUR EST UN GAGE DE LONGÉVITÉ... À MÉDITER... BONSOIR...
LA FIN DU VOYAGE EST PROCHE...
RICKY, ARRÊTE DE POSER AVEC TON POT DE NUTELLA, ET TOI, CYRIL, CESSE DE JOUER AU BALLON ! VENEZ...
AU NOM DE TOUTE L'ÉQUIPE D'USHUAÏA, MERCI.
NOBLE NICOLAS, VOICI POUR TOUS VOUS REMERCIER, UNE TABLETTE KOHAU RONGORONGO GRAVÉE D'UNE ÉCRITURE D'UN AUTRE TEMPS...
NICOLAS, SUIS TON CŒUR, POUR QUE TON VISAGE BRILLE DURANT LE TEMPS DE TA VIE !
FOI DE PETIT CHOU, JE SUIS PRESSÉ DE RETROUVER MA BIGOUDÈNE, MOI !
...ET TU VAS LUI FAIRE UNE BELLE SURPRISE EN LUI RAMENANT TABASCO !
QU'EST-CE QUI BOUGE DANS MA MALETTE, VOYONS...
KLIK
HAAAAAA!...
PETIT SOUVENIR DES MOAÏ KAVA KAVA ! HA ! HA ! HA ! HA !...
ADIEU, TANGATA MANU !...
FIN de l'épisode
DESSIN : CURD RIDEL
SCÉNARIO : PASCAL BRESSON
COULEUR : PIERRE SCHELLE & SANDRINE FRICOT 13.03.2010